# de la A a la Z
# Colombia

Beatriz Vanegas Athías
Ilustrado por Adriana Matallana

# de la A a la Z
# Colombia

Beatriz Vanegas Athías
Ilustrado por Adriana Matallana

everest

# A DE ACORDEÓN

Con caja y con guaracha
con puya, merengue y son,
se arma una parranda
al ritmo del acordeón.

Acordeón que llora y canta
de Alemania llegó un día,
y en las manos de Francisco El Hombre
su fuelle nos brinda alegría.

Cada abril nos encontramos
en el Valle del Cacique Upar,
y allí se reúnen los cantores
a ver a su rey coronar.

El acordeón es un instrumento de viento, portátil, de música popular, que llegó de Alemania a Valledupar, a finales del siglo XIX y remplazó con afecto a la flauta y a la gaita. El acordeón se une a la caja y a la guacharaca y origina uno de los ritmos más populares de Colombia: el vallenato. Todos los años, en la Costa Caribe colombiana durante el mes de abril se hace un festival en el que se coronan a los músicos que mejor lo interpretan.

# B DE BOGOTÁ

En una escalera de lluvia
subes a Bogotá
y cuando estés en el páramo
que es nuestra capital,
podrás con alegría
una estrella alcanzar.

Bogotá de lluvia y frío
por los muiscas habitada
por el español fundada.
Bogotá de Monserrate,
Bogotá de libro y arte
no es sino visitarla
y podrás recrearte.

Bogotá es la capital de la República de Colombia. Está ubicada en la meseta cundiboyacense. Es la tercera capital más alta en América del Sur (2 625 m sobre el nivel del mar). Fue habitada en sus orígenes por los indígenas muiscas, comunidad muy desarrollada a la llegada del español fundador Gonzalo Jiménez de Quesada. Es nombrada la «Atenas Suramericana» porque ofrece a todo el que la visita gran variedad de sitios y eventos culturales.

# C DE CARNAVAL

Ahí viene la cumbiamba
con sus marimondas locas
y la reina primorosa
lanza flores deliciosas.

El Rey Momo enmascarado,
da permiso a la ironía
y tambora y clarinete
suenan con algarabía.

Y bailar por bailar
y cantar y reír
que el rumbero Carnaval
jamás nos deja morir.

El carnaval de Barranquilla, ocurre en esta importante ciudad de la Costa Atlántica colombiana. El Carnaval es de origen europeo, fue introducido en América por los españoles y portugueses. Los de Barranquilla tienen antecedentes en la celebración que se hacía en Cartagena de Indias, en época de la Colonia, como fiesta de esclavos. El Carnaval es la fiesta popular más importante de Colombia: danzas, comparsas, reinados, desfiles, máscaras, llenan las calles durante casi una semana.

# D DE DESIERTO DE LA GUAJIRA

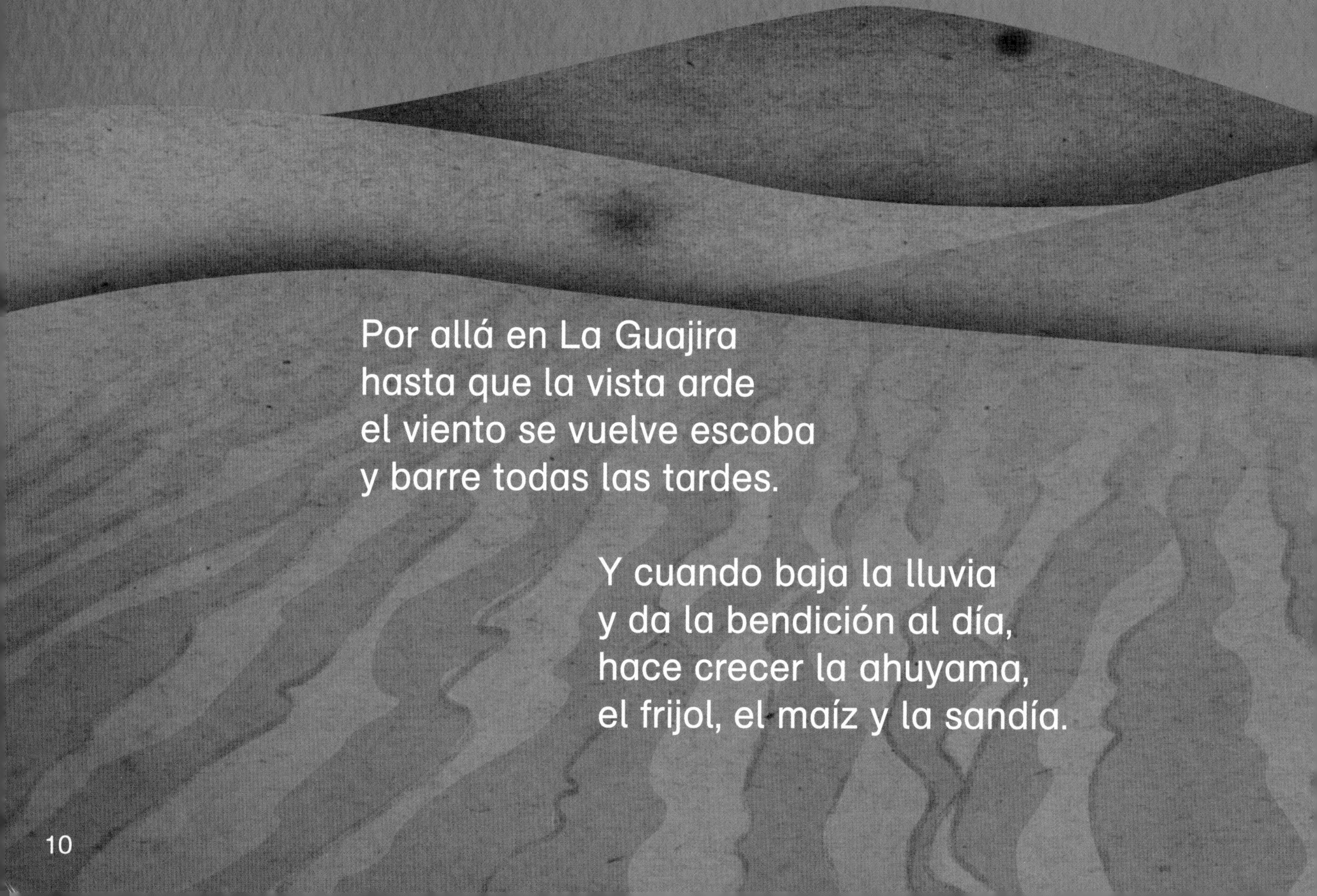

Por allá en La Guajira
hasta que la vista arde
el viento se vuelve escoba
y barre todas las tardes.

Y cuando baja la lluvia
y da la bendición al día,
hace crecer la ahuyama,
el frijol, el maíz y la sandía.

El desierto de la Guajira, está situado en el Departamento de la Guajira en el extremo norte de Colombia, está habitado por la tribu indígena wayuu. La lluvia es escasa, por eso es considerada un dios.

# E DE ESTORAQUES

Escalé un Estoraque
y me causó mucha emoción
ver desde la columna inmensa
a Ocaña, La Playa y Convención.

Mi abuela me dijo contenta
que eran fantasmas de piedra
ahí estaba la Ciudad Perdida,
y allá estaba la Chorrera.

Por las noches vuela un ánima
a conversar con la Virgen
y en la Cueva de la Gringa
se oyen quejidos terribles.

Los Estoraques, ubicados en el departamento de Norte de Santander, al noreste colombiano, son un conjunto de formaciones de rocas que por siglos han adornado la geografía del municipio La Playa de Belén. A menos de una hora de Ocaña, segunda ciudad de los nortes santandereanos, reposa este parque cuyas principales atracciones tienen más de cuatro millones de años.

# F DE FRÍJOL

Una bandeja no es paisa
si no lleva fríjol calado
porción de carne molida
chorizo de cerdo frito
y arepa de maíz trillado.

Y en el resto del país verás:
en Santander, el fríjol negrito
en el Cesar, con madurito
en el Huila verde y con costilla
y de cabecita negra, en Barranquilla.

El fríjol es una leguminosa que vino de España y se llamaba frisol. Con el paso del tiempo México y Guatemala se convirtieron en los países de América que más lo cultivaban. Hoy en día es un alimento necesario de la cocina colombiana porque este grano es rico en minerales, proteínas y hierro. Se cultiva en catorce departamentos de Colombia como herencia de nuestros indígenas.

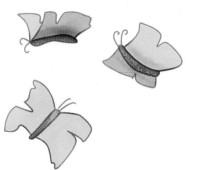

# G DE GARCÍA MÁRQUEZ

Y aquí viene García Márquez
con su historia de Macondo
donde llegaron gitanos
y unos pescaditos de oro.

Allí en Macondo vivieron
Úrsula y José Arcadio,
que fundaron un mundo
entre amores embrujados.

En Estocolmo premiaron
a *Cien años de soledad*,
por narrar bellas historias
y contarnos la verdad.

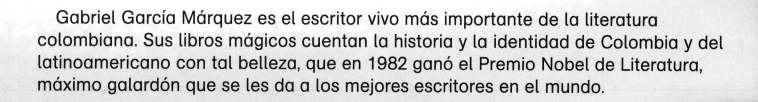

Gabriel García Márquez es el escritor vivo más importante de la literatura colombiana. Sus libros mágicos cuentan la historia y la identidad de Colombia y del latinoamericano con tal belleza, que en 1982 ganó el Premio Nobel de Literatura, máximo galardón que se les da a los mejores escritores en el mundo.

# H DE HONDA

Al ver saltar bocachicos
se me anima el corazón,
y si brinco por los puentes
yo me doy un chapuzón.

El Carnaval de la subienda
se vive en Honda, Tolima,
y a cruzar el Magdalena
los tolimenses se animan.

Honda, situada en el departamento de Tolima, es un pueblo patrimonio de Colombia. El río Magdalena, por el que transitaron mercaderes y expedicionarios, baña de sur a norte a esta bella ciudad de innumerables puentes, que también disfruta de las aguas del río Gualí y la quebrada Seca. Se le llama «la ciudad de los puentes».

# I DE ISLA DE SAN ANDRÉS

Vivo en una Isla, con nombre de Santo
y todas las tardes, desde lo alto,
diviso a lo lejos, cientos de barcos
felices, felices, de zarpar tan raudos.

Perla caribeña del mar azogado
lejos de Colombia siempre has volado.
Tus límpidas aguas besan al turista
colgado en la cresta de una ola amatista.

En el firmamento de todos los soles
bailan los isleños calipsos y sones
y las nubes blancas como pañuelos
llenan la arena de sirenas y anhelos.

Situada en el Mar Caribe, San Andrés Isla hace parte del archipiélago de San
Andrés, que además posee las islas de Providencia y Santa Catalina. Pertenecen
a Colombia desde el siglo diecinueve cuando España las anexó al país. Cuentan
quienes la visitan, que allá el mar es de siete colores y los atardeceres se derraman
en soles bellísimos mecidos por palmeras y vientos refrescantes.

# J DE JOROPO

El joropo es un baile,
que engalana al Llano-llano
y en torneos de zapateo
bailan todos, hasta el feo.

Cuando la dama se acerca
el parejo le da un besito,
se deja el cuerpo quietico
y que el tacón suene durito.

Canta el llanero y cabalga
sobre tarima y comarca,
suena el cuatro al son del arpa
y sale el sol como maraca.

El joropo es el baile típico de los Llanos Orientales colombianos. Heredado de los españoles quienes lo trajeron en épocas de La Conquista, es el baile de los parrandos llaneros. Mezcla el arpa y la guitarra traídas de España y los capachos, el cuatro y las maracas de origen indígena.

# K DE KOGUI

El kogui sabio y sereno:
habla con la lluvia
habla con la luna
habla con el trueno.

El kogui sabe que la laguna,
de la Sierra, es el corazón.
Los picos nevados, la cabeza,
y la respeta con gran pasión.

Cree en Aluna-Java
la madre del pensamiento,
que creó al kogui pensante
para riqueza del viento.

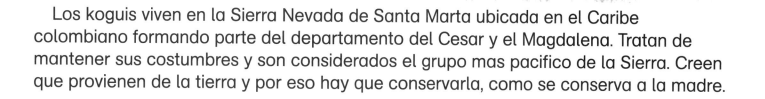

Los koguis viven en la Sierra Nevada de Santa Marta ubicada en el Caribe colombiano formando parte del departamento del Cesar y el Magdalena. Tratan de mantener sus costumbres y son considerados el grupo mas pacifico de la Sierra. Creen que provienen de la tierra y por eso hay que conservarla, como se conserva a la madre.

# L DE LAJAS

La Virgen resucitó a Rosa
en la cueva de Guaitara,
y allí se levantó el santuario
imponente de Las Lajas.

Por labradores campesinos
al mando del fiel Espinoza,
el santuario fue creado
y de Colombia es la rosa.

Millares de peregrinos
caminan por el abismo,
para adorar a la Virgen
en plan de rico turismo.

Las Lajas es un santuario situado a 7 km de Ipiales en el departamento de Nariño. Se le llama «Un milagro de Dios sobre el abismo». Es el Santuario más bello de América, en honor a la Virgen de Nuestra Señora del Rosario de Las Lajas. Lo visitan millares de peregrinos en su fiesta durante el mes de septiembre y en Semana Santa.

# M DE MUTE

A hervir el agua y el callo
las papas y los garbanzos
salía cada domingo,
la nona con olla en mano.

Con trozos de carne de res
el mute empezaba a humear,
con la carne de cerdo tierno
la vecina a conversar.

Y cuando daba el mediodía
sonaban cucharas y platos,
y sentados desde hacia rato
nos zampábamos dos platos.

El mute es una comida típica del noreste colombiano. La familia se reúne en torno a la olla de la nona que es así como llaman en Santander a la abuela, para preparar esta sopa espesa y de gran valor nutritivo. Esta comida es un patrimonio gastronómico de Colombia y en Santander, domingo sin mute, no es domingo.

# N DE SIERRA NEVADA

Cielo azul y despejado
en el verano soleado,
cielo plateado y helado
en el invierno nublado.

La cuidan los Kogui
Hermanos Mayores,
y el mar con su canto
lleva olas y amores.

Ojalá no se derrita
la bella abuelita
de nieve nacarada
que es la Sierra Nevada.

La Sierra Nevada de Santa Marta, situada en el noroeste de Colombia, es uno de los nichos de diversidad humana, biológica y natural más importantes del mundo. En 1979 la UNESCO la declaró Reserva de Biosfera y Patrimonio de la Humanidad. Está conformada por los picos de montaña costeros más altos del mundo (con cerca de 6 000 m de altura). Está habitada por las tribus indígenas kogui y arahuaco

# Ñ DE ÑAME

Llegó de África muy peludo
de apariencia bien larguito,
a veces gordo, ancho y grande
y otras veces muy cortito.

Como un topo comelón
de la tierra victorioso,
sale de color marrón
el rico ñame harinoso.

Hojas de corazón, para trepar mejor
se vende por trozos, el ñame harinoso
y es una enredadera, de puro sabor.

El ñame es una planta cuya raíz es comestible. Es un tubérculo a veces suave, otras harinoso y húmedo o seco. Es originaria de África y se utiliza para acompañar la sopa y elaborar dulce cremoso.

# O DE ORQUÍDEA

Flor de mi patria
orquídea del cielo
adorno bonito
del sol mañanero.

Mil colibríes,
llegan a tus pétalos
y endulzan tus alas
de sueños y anhelos.

De los silleteros
eres la elegida,
y a los montañeros
alegras la vida.

La orquidea, fue escogida como flor Nacional según un concepto emitido por la Academia Colombiana de Historia en 1936, aun cuando no ha sido consagrada oficialmente por ley. Está calificada como la flor más bella del planeta. La orquídea fue elegida flor de Colombia por la belleza de sus mujeres.

# P DE PARQUE NACIONAL DEL CAFÉ

A pasar las vacaciones
fui a la región del Quindío.
Visité un mágico parque
a donde me invitó mi tío.

Allí todo huele a café,
hasta el bosque de bambú,
y si encuentras la Llorona
te das un gran susto tú.

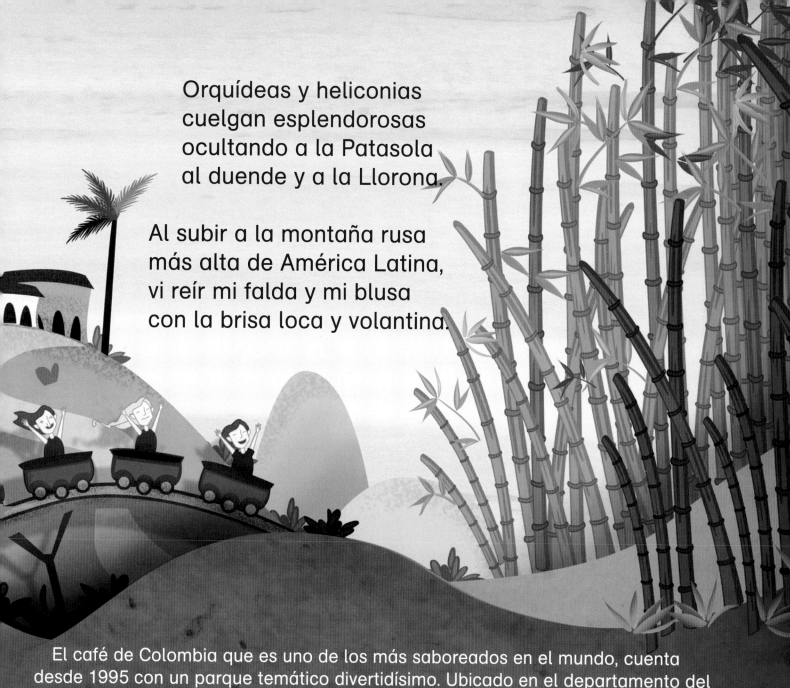

Orquídeas y heliconias
cuelgan esplendorosas
ocultando a la Patasola
al duende y a la Llorona.

Al subir a la montaña rusa
más alta de América Latina,
vi reír mi falda y mi blusa
con la brisa loca y volantina.

El café de Colombia que es uno de los más saboreados en el mundo, cuenta desde 1995 con un parque temático divertidísimo. Ubicado en el departamento del Quindío, es visitado por más de 500 000 turistas de todos los continentes y en él encontrarás más de veinticinco atracciones maravillosas, además de puestos de alimentos basadas en el café.

# R DE RUANA

Por allá por la montaña
lo primero que yo tuve
fue una ruana de ovejo
con la que siempre anduve.

Ruana del aventurero
con ella me abrigó mi mama,
cuando cubría mi esqueleto
me abrasaba hasta el alma.

Y después tuve una Juana
que por mi suspiraba,
me dejó solito y triste
porque se llevó mi ruana.

La ruana es una manta cuadrada o rectangular, sin mangas, con una abertura en el centro por la que se pasa la cabeza. Es el abrigo de los hombres en tierras frías y templadas, muy cómoda para vestir. Nació en el siglo dieciséis de la mezcla de los capotes españoles, con el poncho de lana de ovejo de los indígenas chibchas.

# S DE SILLETEROS

Por la montaña empinada
sube el paisa con su carga
llevándola sobre la espalda
como si no pesara nada.

Vende flores y hortalizas
en Santa Elena y Cisneros,
y al bajar conversa y ríe
a ver quién llega primero.

En la Feria de las Flores
la silleta es la guirnalda,
silletero rey faquín
engalanas Medellín.

El de los silleteros es un oficio que nació debido a la imposibilidad de transportar cargas y personas con caballos y bueyes por las altas montañas. Entonces, fuertes hombres que soportaban hasta 75 kg se encargaban de hacerlo. Este oficio se ejerció en el Valle del Cauca, Quindío, Nariño y Chocó. Ante la aparición del tren y los autos, hoy en día en las silletas se cargan frutas y hortalizas para la venta. El silletero se convirtió en un personaje central de la Feria de las Flores que cada año se realiza en Medellín.

# T DE TOTUMO Y TOTUMA

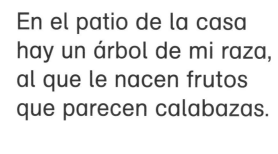

En el patio de la casa
hay un árbol de mi raza,
al que le nacen frutos
que parecen calabazas.

Con el totumo mi abuelo,
me hizo un bello sonajero
una totuma preciosa
y un par de maraqueros.

Y después para mamá
el abuelo totumero,
hizo totumas *pal* manjar
y también para el suero.

El totumo o taparo es un árbol que da frutos grandes y globosos del cual se hacen vasijas para tomar sopa, chicha, agua, cucharas, maracas, sonajeros, platos, adornos… Fue cultivado por nuestros antepasados indígenas. En todos los hogares colombianos siempre hay una totuma para uso diario o como adorno.

# U DE USIACURÍ

La paz reina en Usiacurí
mañana y tarde se teje aquí,
y como todos nos conocemos
nos cuidamos entre sí.

Nos bañamos en los pozos
de aguas puras medicinales,
el cuerpo se llena de gozo
al curarse de sus males.

Aquí nadie busca problema
la amistad es nuestro lema
por eso el poeta Flórez,
halló aquí paz a sus penas.

Usiacurí es un municipio del departamento del Atlántico, lleno de paz y silencio. Sus habitantes son artesanos y tejedores que trabajan la palma de iraca, se precia de ser uno de los pueblos de Colombia que en doce años no ha tenido un solo homicidio, allí todos mueren de muerte natural, como lo hizo el gran poeta colombiano Julio Flórez quien pasó los últimos días de su vida en Usiacurí, por ello hay una Casa museo con su nombre.

# V DE VILLA DE LEYVA

Cuando fui a Villa de Leyva
ví sus calles empedradas
y mientras feliz caminaba
el pasado recordaba.

Esta villa se parece
a los pueblos de la España
por eso todo el que va
siempre gustoso se amaña.

Casas blancas y montañas
balcones de Andalucía,
plaza para elevar la cometa
mientras un chocolate bebía.

Villa de Leyva es una bella ciudad ubicada en el departamento de Boyacá a 177 km de Bogotá. La ciudad fue fundada en 1572 y construida según las normas arquitectónicas españolas. La misma ubicación de la ciudad, un valle, parece ser un emocional encuentro del Nuevo Mundo llamado América, con los lugares de España.

# W DE WAYUU

Mientras llega la lluvia
la wayuu teje su manta,
el viento sopla muy fuerte
y los ardores espanta.

El wayuu siempre es feliz
con un ovejo asado en brasa,
meciéndose en una hamaca
y bebiendo chicha y maíz.

En wayuunaiki debes decir:
awataa si vas a volar,
ajujawaa al bostezar
y atunkaa para dormir.

Los Wayuu son habitantes de arena, sol y viento, llevan adentro la moral del desierto, han resistido durante siglos en la península de la Guajira, son grandes artesanos y comerciantes. Habitan el Desierto de La Guajira y el estado de Zulia de Venezuela, y viven en clanes. Tienen un idioma propio, el wayuunauiki.

# X DE XUÉ

Para llegar a Sogamoso
a ver a Xué, el dios luminoso,
debemos siempre caminar
así el caballo quiera galopar.

Desde una montaña de piedra
con verde de todos los verdes,
ilumina con fulgor la laguna
el dios Xué, hermano de la luna.

Xué bondadoso y valiente
enseñó a hilar algodón,
a curar al picado de serpiente
y a obrar con el corazón.

Xué (el sol) era el padre del Partenón muisca y su templo estaba en Sugamuxi hoy municipio de Sogamoso, ciudad sagrada del sol. Era este el dios más venerado, especialmente por los súbditos del Zaque que se consideraban hijos de Xué. Sogamoso está situado en el departamento de Boyacá, cerca a Bogotá.

# Y DE YUCA

Por la orilla del río
el abuelo encontró
una estaca de yuca
que enseguida sembró.

Las manos del indio
la volvieron casabe,
pan de bono harinoso:
¡qué bueno sabe!

Por eso hoy en día
hacemos larga cola,
*pa'* que mamá reparta
muchas carimañolas.

El nombre yuca viene del idioma de los indios caribes, de origen quiché, los cuales la llamaban también «yogca», cuyo significado es «que se amasa molida». La yuca es un tubérculo que es esencial para la cocina colombiana, de ella se saca harina para hacer panecillos, almidón y para darle sabor al sancocho que es una sopa colombiana de mucho sabor.

# Z DE ZIPAQUIRÁ

De esta mina subterránea
se sacaba mucha sal
y para agradar a la Virgen
*se hizo una catedral.*

Maravilla de Colombia
donde vamos a rezar
donde vamos a pasear
en la villa de la sal.

La Catedral de Sal es un templo construido en el interior de las minas de sal de Zipaquirá, en la Sabana de Bogotá, en el departamento de Cundinamarca, Colombia. Es también un centro religioso y uno de los santuarios católicos más célebres del país que hace memoria del Viacrucis de Jesucristo. Es toda una aventura entrar en la oscuridad iluminada de la mina y la catedral, para admirar la riqueza artística que hay en su interior.